Entre Franciscos
o santo e o papa

Peça de teatro em um único ato

Entre Franciscos
o santo e o papa

Escrita por Gabriel Chalita

MINOTAURO

ENTRE FRANCISCOS: O SANTO E O PAPA
© ALMEDINA, 2024
AUTOR: GABRIEL CHALITA
DIRETOR DA ALMEDINA BRASIL: Rodrigo Mentz
EDITOR: Marco Pace
EDITORA DE DESENVOLVIMENTO: Luna Bolina
PRODUTORA EDITORIAL: Erika Alonso
ASSISTENTES EDITORIAIS: Laura Pereira, Patrícia Romero e Tacila Souza

REVISÃO: Tereza Gouveia
DIAGRAMAÇÃO: Casa de Ideias
DESIGN DE CAPA: Casa de Ideias

ISBN: 9786561430036
Maio, 2024

DADOS INTERNACIONAIS DE CATALOGAÇÃO NA PUBLICAÇÃO (CIP)
(CÂMARA BRASILEIRA DO LIVRO, SP, BRASIL)

Chalita, Gabriel
    Entre Franciscos : o santo e o Papa / Gabriel Chalita. -- São Paulo :
Minotauro, 2024.

    ISBN 978-65-6143-003-6

    1. Teatro brasileiro I. Título.

24-198193
    CDD-B869.2

Índices para catálogo sistemático:
1. Teatro : Literatura brasileira B869.2
Eliane de Freitas Leite - Bibliotecária - CRB 8/8415

Este livro segue as regras do novo Acordo Ortográfico da Língua Portuguesa (1990).

Todos os direitos reservados. Nenhuma parte deste livro, protegido por copyright, pode ser reproduzida, armazenada ou transmitida de alguma forma ou por algum meio, seja eletrônico ou mecânico, inclusive fotocópia, gravação ou qualquer sistema de armazenagem de informações, sem a permissão expressa e por escrito da editora.

EDITORA: Almedina Brasil
Rua José Maria Lisboa, 860, Conj.131 e 132, Jardim Paulista | 01423-001 São Paulo | Brasil
www.almedina.com.br

Oferecimento

Para meu pai, meu bom José, que me ensinou
a estender as mãos.

DEDICATÓRIA

Para Pablo Meneses, por ser meu irmão,
por ser irmão de tantos.

Epígrafe

"Apenas um raio de sol é suficiente para
afastar várias sombras."

(São Francisco de Assis)

Palavras iniciais

Francisco de Assis é inspiração.

De uma pequena cidade da Itália, tornou-se luz para o mundo, rompendo espaço e tempo, permanecendo.

A que se deve a permanência de Francisco? Fundou ele uma ordem, os franciscanos. Fundou ele um carisma, cuidar dos que ninguém cuidava. Fundou ele um jeito humano de reconstruções.

Viveu Francisco a utopia do evangelho, "vós sois todos irmãos e irmãs". Ninguém tem o direito de sentir-se maior, ninguém tem o direito de sentir-se menor. A revolução da horizontalidade. Se somos todos irmãos, temos o dever de abraçar causas que nos garantam o princípio da igualdade.

Que igualdade é essa que não enxerga as divisões do mundo? Os que têm e os que não têm. Os que podem e os que não podem. Os que, desde cedo, encontram espaços para florescimentos e os que, desde cedo, têm espaço nenhum para ser alguém. Quem é esse alguém feito ninguém nos dias de hoje?

Francisco, da pequena Assis, alimentou os famintos, abraçou os desacostumados ao abraço, cuidou de feridas doídas do corpo e da alma. Francisco chamou a natureza de irmã. Explicou, nas orações e nas ações, a filosofia da atenção.

Atento, sofreu as dores dos outros. Corretamente, afinal, acreditou nos ensinamentos de Cristo, "vós sois todos irmãos e irmãs".

Insisto nesse ensinamento porque é um ensinamento fundante do conceito jurídico de cidadania. As legislações dos mais diversos países democráticos trazem, de alguma maneira, este princípio, "somos todos iguais perante a lei", não há cidadão de primeira e de segunda ou de qualquer outra classe. O princípio da igualdade que fez tremular a bandeira da revolução francesa e que inaugurou os tempos contemporâneos ainda é uma utopia. Basta caminhar e ver.

Os miseráveis, de Victor Hugo, prosseguem gritando por misericórdia. Misericórdia é uma palavra de origem latina. "Cordis" vem de coração. Coração como metáfora do sentir. Do sentir as misérias do mundo ou a miséria do mundo inteiro presente inteiro na dor de um único irmão.

Os leprosos dos tempos de Francisco de Assis eram confinados a permanecerem longe. Como nos tempos de Jesus. De Jesus, o inspirador do jovem de Assis. De Jesus, o filho de Deus, o explicador, com a vida e com as palavras do significado do amor. O amor é a ponte que desmente os muros, o amor é o alimento que fortalece o caminhar de mãos dadas, o amor é a linha que costura os aconchegos mais necessários para espantar a dor das invisibilidades.

Na parábola do Bom Pastor, Jesus antecipa o que a vida de Francisco, o santo, significa. O Bom Pastor conhece cada uma de suas ovelhas e não desiste de nenhuma. Todas têm importância.

Nos escritos, talvez, seja fácil elencar os parágrafos que sucedem parágrafos e explicam a beleza do ser bom. Há teorias, e não são poucas, que entendem que a felicidade é consequência dos gestos do amar, do cuidar.

Há uma diferença, entretanto, no escrito e no vivido. Viver a alegria de Francisco de Assis ao renunciar o que rouba dos humanos a humanidade não é tão simples. Fomos educados, erroneamente, para sermos perfeitos e vencermos os outros. Para nos afastarmos dos imperfeitos. Para adularmos os que podem nos oferecer coisas.

Coisas nos conferem poder. Queremos o poder como uma querência obstinada que nos impede, inclusive, de compreender a efemeridade do próprio poder. Nos esquecemos que morreremos. Nos esquecemos que os pássaros dos céus, que os lírios dos campos, que são tão lindos, precisam de tão pouco.

É poesia demais imaginar que os pássaros têm um poder que não temos; que os lírios que florescem, florescem despreocupados? Pássaros e lírios não sabem sobre a morte. Pássaros e lírios não conhecem a angústia de se preocupar com o amanhã, tampouco vivem de prisões de passados.

São Francisco chamou a todos de irmãos. Até a lobo. Até a noite. É noite no mundo. E, na noite, um papa, com o mesmo nome do Santo de Assis, sofre os sofrimentos da humanidade inteira.

Jorge Mario Bergoglio escolheu o nome de Francisco, quando escolhido papa. Escolheu o nome e a simplicidade para o seu pontificado.

Francisco, o papa, é também uma inspiração.

Seus dizeres e suas ações incomodam os acomodados. Como pode um mundo tão rico ser um mundo tão pobre? Como pode a fartura conviver despreocupada com a fome? Como podem milhões de refugiados serem desconsiderados dos projetos daqueles que têm o poder/dever de liderar? Como podem os discursos de ódio, nascidos nos discursos de preconceito, fazerem nascer ações de morte?

O papa Francisco ora pela paz, escreve pela paz, fala pela paz, faz gestos de caminhada buscando o caminho da paz. Na "Casa comum", é comum a destruição, é comum a guerra, é comum a insensibilidade. E por que é assim? Onde foi que erramos? Não somos todos irmãos? Por que alguns irmãos são criados para odiar outros irmãos? Por que aprenderam, desde cedo, a se armar e não a se amar?

"Amai-vos uns aos outros", aqui mora a essência para o alicerce de um mundo novo. Se aprendêssemos, desde cedo, se nos tivessem feito crescer com os valores corretos, se as mãos tivessem encontrado mãos para o caminhar verdadeiro, a humanidade seria outra.

É possível uma outra humanidade? Ou prosseguiremos fechando as janelas para não vermos as janelas fechadas para o ver de tantos outros, irmãos nossos?

Foram esses sentimentos que fizeram nascer em mim este texto, esta peça de teatro.

O papa Francisco criou, e foi noticiado, uma lavanderia para a população em situação de rua. Da sua janela, sempre aberta, o papa viu as janelas fechadas para os seus irmãos. Parece algo simples, fazer uma lavanderia. E é. E por que, então, muitos não fazem? Porque não veem. Porque as janelas estão fechadas. Porque os problemas dos outros são problemas dos outros e não meus. Há narrativas para tudo. E há os que rompem as narrativas dos comodismos e fazem. E obedecem aos dizeres "amai-vos uns aos outros" e "vós sois todos irmãos e irmãs".

Escrevi a peça pensando na singeleza do gesto. Um papa com todas as complexidades do cargo, para para parar um pouco da dor. Ele, certamente, pensou em onde eles lavariam as suas roupas, já que havia criado um espaço para banhos e um outro para o alimento. Os gestos simples mudam o mundo.

Na peça que escrevi e que a editora Almedina publica com tanto esmero, o papa, cansado dos barulhos do mundo, entra sozinho na lavanderia que ele criou. Entra para descansar, entra para orar, entra para entrar em contato com ele mesmo. E, então, vê Francisco,

11

um homem que ele, no início da conversa, não sabe quem é. Pouco importa. Não fazemos o bem apenas a quem conhecemos. Mesmo os que desconhecemos são nossos irmãos.

O diálogo vai revelando quem é o homem que espera o limpar. Diálogos revelam muito. Nos diálogos, os valores da vida desses dois homens inspiradores. As dúvidas, mesmos os santos as têm. As inquietações, como não ser inquieto diante de tantas injustiças em um mundo criado justamente para vivermos como irmãos?

Há algumas canções que cantam a esperança. Não há como viver sem esperança. Mesmo nas terras mais degradadas pela miséria humana, há espaços para sementes. E onde há sementes, há vida.

Tenho muitos livros publicados e muitas peças de teatro também. A escritura de um texto feito para teatro é diferente. Há que se ter uma trama, um conflito, um jogo de cenas para fazer nascer a cena da vida que se quer apresentar.

Apresento a cena que acredito. O texto não tem finalidades pedagógicas, já escrevi muitos livros de pedagogia. O texto não tem dados biográficos. Não é essa a finalidade. O texto tem duas fortes intenções: pensar, sentir.

Somos todos irmãos e irmãs, também, na capacidade de pensar e de sentir. O pensamento faz abrir as janelas e os sentimentos fazem ver as janelas dos outros, as abertas e as fechadas. Mas o sentimento também faz abrir as janelas e o pensamento também faz ver as razões, se é que há, que autorizam alguns a desautorizarem a irmãos seus que tenham as janelas abertas.

Em um texto de teatro, o solitário da escrita se converte em convivência de irmãos de palco. Escrevo essas poucas palavras introdutórias, logo depois de ter assistido a um dos ensaios que preparam a estreia da peça.

Quando vi em cena os atores que escolhemos, o produtor Guilherme Logullo e eu, para viver o santo e o papa, agradecemos. Paulo Gorgulho faz o papa. César Melo faz o santo. No jogo cênico, os olhares dos dois, os movimentos, as pausas, os dizeres, o abraço. São dois gigantes da arte de ceder a vida para deixar vidas nascerem. O ofício do ator tem esta genial generosidade, ser muitas vidas em uma só. E em cada vida incomodar, emocionar, fazer pensar.

A direção dessa primeira montagem é de Fernando Philbert, um diretor de delicadezas. Acredito no poder das delicadezas para vencer as violências e as apatias.

Que *Entre Franciscos, o santo e o papa* cumpra a sua trajetória, inspirando mulheres e homens a reconstruções. É de dentro para fora que nos ressignificamos. E é, também, de fora para dentro que uma peça de teatro pode nos lembrar de que podemos nos ressignificar.

Ao santo e ao papa, gratidão pela inspiração.

Gabriel Chalita,
Verão de 2024

Em uma lavanderia, um homem (vestido de papa) entra e fica observando as máquinas girando com as roupas dentro. O barulho de dentro confronta com o de fora. Vozes explicam que o papa foi descansar, que não pode ser incomodado. O papa prossegue vendo as roupas girando e se senta em um banco diante de uma das máquinas. Fecha os olhos.

PAPA
Que cansaço, meu Deus, que cansaço.

O barulho de fora aumenta. É como se quisessem que o papa resolvesse alguns problemas. Uma voz diz: – ele tem que falar com o presidente da Rússia. A outra diz: – ele já falou com o patriarca da Igreja Ortodoxa. A primeira voz diz: Ele tem que falar com os palestinos, com os judeus, com os americanos. Ele tem que falar com os que insuflam estas guerras. A segunda voz diz: Não é possível que, em uma terra tão santa, veja crescer tanto ódio. A primeira voz retruca: Mas o que ele pode fazer? Tem que ter paciência...

PAPA

É só o que eu tenho. Paciência.

O barulho de fora aumenta novamente. Outra voz diz: – ele não pode entrar em assuntos políticos, não é bom. E mais uma, esclarecendo: – depende do que você entende por política. A anterior: – ele é o líder de todos, não pode tomar partido. A outra: depende.

PAPA

Não pode tomar partido. Como não pode tomar partido? Jesus tomou partido. Dos que mais sofriam. Dos que ninguém cuidava. Dos que eram injustiçados. Dos que ficavam de lado.

O barulho de fora vai dando informações sobre chagas da humanidade. Notícias de guerra, de refugiados, de barcos naufragados nas travessias em busca da liberdade, de tráfico de pessoas e de órgãos, de regimes de escravidão, de destruição da natureza, de outras notícias de perversidades.

PAPA

Senhor, onde está a face da paz nessa humanidade tão perdida?
Só ouço barulhos e mais barulhos.

Diminui o barulho externo e aumenta o das máquinas lavando as roupas.

PAPA

Eu gosto desse barulho. É preciso limpar.
É preciso limpar para ter dignidade.

O papa sai do banco e se senta em uma poltrona e fecha os olhos para descansar ouvindo o barulho das máquinas.

E parece dormir. Aos poucos, o barulho das máquinas vai diminuindo e entra uma música instrumental, "Oração de São Francisco".

Em frente a uma das máquinas, enquanto o papa estava dormindo, surge um homem.

PAPA

Nossa, eu não vi que você estava aí.

SANTO

Estou esperando limpar.

PAPA

Eu também.

SANTO

Suas roupas?

PAPA

Não.

Os dois ficam em silêncio e volta a música instrumental.

PAPA

Há tanta sujeira.

SANTO

Sim.

PAPA

Eu não tenho forças para limpar.

SANTO

Sei.

PAPA

Onde estão os outros?

SANTO

Os outros?

PAPA

Eu mandei fazer essa lavanderia para as
pessoas que moram na rua.

SANTO

Sim.

PAPA

Ficava mais gente aqui.

SANTO

Sempre fica.

PAPA

Agora só está você.

SANTO

Eu estou aqui.

PAPA

Você está bem?

SANTO

Sim.

PAPA

Eu não estou bem.

SANTO

Não está?

PAPA

Eu não posso estar bem sabendo que
meus filhos não estão bem.

SANTO

Seus filhos?

PAPA

Eu sou o papa. Papa. Pai. Eu sou pai de
muitos filhos. Eu sou pai dos que são
amados e dos que não são amados. Dos
que sorriem e dos que não sorriem.
Dos que têm um lugar para ir e dos que
não têm lugar algum. Dos que acreditam
e dos que desacreditam. Dos que moram
em casas e dos que moram nas ruas.

SANTO

Eu sei.

PAPA
Você sabe o quê?

SANTO
O papa.

PAPA
Que eu sou o papa?

SANTO
Sim.

PAPA

E o que mais você sabe?

SANTO

E o que mais é necessário saber?

PAPA

Meu Deus, há tanto mais.

SANTO

Meu Deus, há tanto mais.

PAPA

Você está me repetindo.

SANTO

Não. Estou dizendo.

PAPA

O quê?

SANTO

Há tanto mais.

PAPA

Sim, tanto mais o quê?

SANTO

Veja dentro e sinta.

Aumenta o barulho de uma das máquinas, como se estivesse com defeito. O papa se levanta e vai olhar.

PAPA
Você viu. O barulho está diferente.

SANTO
Veja dentro e sinta.

PAPA
O que você está dizendo? Para eu ver dentro da máquina?

SANTO
Também.

PAPA

Eu estou entendendo. E estou
entendendo também que você é uma
espécie de filósofo. Você está pensando
na máquina humana e está sugerindo
que eu olhe para dentro de mim mesmo.
E diz isso como se eu não olhasse para
dentro de mim mesmo. Como se eu não
pensasse, não meditasse, não rezasse.
Eu faço tudo isso. Faço tudo isso, sim
senhor. E o mundo continua sujo.

SANTO

Sei.

PAPA

Quem é você?

SANTO

Quem sou eu?

PAPA

O seu nome? Vamos começar pelo seu
nome.

SANTO

Francisco.

PAPA

O nome do santo.

> **SANTO**
>
> O nome do papa.

PAPA

Eu sei o meu nome.

> **SANTO**
>
> Eu sei.

PAPA

Eu quero saber mais de você. Quanto mais eu souber de você, menos eu vou pensar no que...

> **SANTO**
>
> No que...

PAPA

O papa canta o Pai-Nosso em latim.

Pater noster, qui es in caelis: sanctificetur nomen tuum; adveniat regnum tuum; fiat voluntas tua, sicut in caelo et in terra.

Eu gostava de ser padre. Gostava muito. De cuidar de coisas simples. De dedicar minha vida ao Sagrado.

SANTO

E o que houve?

PAPA

Eu continuo sendo padre, sendo bispo, bispo de Roma, papa. Mas as minhas obrigações são muito maiores.

SANTO

Que bom.

PAPA

É bom, sim. E é triste. É triste, mas também é belo. Não. Eu não posso reclamar. Não seria justo. Mas eu queria ter mais poder, entende?

SANTO

Mais poder?

PAPA

Um poder de devolver para as pessoas
suas próprias consciências. A consciência
é um presente de Deus. Um presente
que fica esquecido por grande parte da
humanidade. É como um não pensar. E
um não pensar é um não sentir. E um
não sentir é tratar as coisas com mais
importância do que elas têm e as pessoas
com menos importância do que elas são.

SANTO

Poder.

PAPA

No que você está pensando?

SANTO

No que disse.

PAPA

Em que parte?

SANTO

Em todas as partes.

PAPA

Fale mais de você.

SANTO

É preciso?

PAPA

Eu gosto desse silêncio.

SANTO

Do silêncio?

PAPA

Eu estou ouvindo o barulho das
máquinas, mas estou em paz. Acho
que você está me trazendo essa paz.
Não sei. Você não chegou me elogiando,
não me tratou como alguém diferente de
você, não me pediu nada, não me exigiu
nada. Está aqui comigo como se não
tivesse mais nada para fazer.

SANTO
Eu tenho?

PAPA

Certamente. Todo mundo tem.
Você mora na rua?
Desde quando você mora na rua?

SANTO

Na rua?

PAPA

O que você vê na rua?

SANTO

Está ouvindo essa canção?

PAPA

Qual canção?

SANTO

Feche os olhos. Ouça a canção dos passarinhos. Ouça a canção dos riachos. Ouça a canção do vento. Ouça a canção de uma criança que corre. Sem pesos. Sem enfeites. Sem preocupações outras que não a de brincar. Eu gosto de brincar.

PAPA

Você é um homem feito. Poderia estar trabalhando.

SANTO

Eu gosto de brincar.

PAPA

E do que você gosta de brincar?

SANTO

Eu sempre gostei de brincar. De saber que tudo não passa de um pequeno tempo que vai se escorregando.

PAPA

Mas viver é coisa séria.

SANTO

Brincar. Brincar para poder ser sério.
Cantar. Cantar para poder dizer. Pensar.
Pensar para dizer o que deve ser dito.

PAPA

Você mora mesmo na rua?

SANTO

A rua, Santo padre, a rua é onde estão os
que não estão...

PAPA

Como?

SANTO

Na rua, os invisíveis. Na rua,
os desafortunados. Na rua, os
desencontrados.

PAPA

Estão todos desencontrados. Perdidos.
Estamos perdidos, Francisco.

SANTO

Nos encontramos.

PAPA

Sabe que gosto de dizer o seu nome.
Francisco.

SANTO

É o seu também.

PAPA

O meu é de escolha. O seu é de batismo.
Francisco.

SANTO

Eu gosto do meu nome. Eu gosto da
rua em que vivo. Eu gosto do que ouço.
Eu gosto do que vejo. Eu gosto do que
experimento.

PAPA

Você não pode gostar de tudo.
Não. Você está errado. Há muita coisa
feia no mundo.

SANTO

Há o belo.

PAPA

Há muita maldade.

SANTO

Há o bom.

PAPA

Há muita mentira.

SANTO

Há a verdade.

PAPA

Não, Francisco. Você está sendo ingênuo.
Não. Eu não posso ver as mazelas do
mundo e sorrir como se tudo estivesse
bem. Eu não posso ver os egoísmos e fingir
que há passarinhos cantando por aí.

SANTO

Mas eles estão cantando.

PAPA

Não é isso. Eu sei que eles estão
cantando. Mas estou dizendo de coisas
mais profundas.

SANTO

Mais profundas do que a infinidade de
passarinhos, cada um de um jeito, cada
um com uma cor, cada um com um canto,
cada um com um tamanho de voo?

PAPA

O que você está dizendo? Eu estou
querendo dizer que o mundo está poluído
por uma onda de ódio. Que as violências
não cessam. Que usam o nome de Deus
em vão. Que são humanos destruindo
humanos. E você fala dos passarinhos?

SANTO

Do canto dos passarinhos. Eles não têm
nada. Eles não precisam de nada. Eles
simplesmente cantam. E cantam sem
se preocupar com o dia que não mais
cantarão.

PAPA

É evidente. São seres irracionais. Nós é
que tememos a morte, porque sabemos.

SANTO

Nós não sabemos.

PAPA

Sabemos que vamos morrer. Sabemos que
tudo é passageiro.

SANTO

Então...

PAPA

Não é disso que se trata. Eu estou
entendendo onde você quer chegar. Eu
concordo. Eu estou indo além, Francisco.

SANTO

Além... como é lindo o horizonte. Como
é lindo ver o indizível de um entardecer,
de um dia que se despede. Como é lindo
cantar a canção da esperança ainda
antes de amanhecer. Como é bom saber,
mesmo que de noite, que a noite vai.

PAPA

Eu concordo e ao mesmo tempo quero te pedir para que preste atenção na minha dor.

SANTO

Na sua dor?

PAPA

Na minha dor, que é a dor da humanidade. Cristo deixou a sua Igreja para que anunciássemos o amor. Mas o amor não está conseguindo entrar. Você me entende?

SANTO

O amor é paciente.

PAPA

Eu que sou impaciente.

SANTO

O amor é movimento. O amor é rio que
corre na direção do oceano. O amor
é nascente que nasce do milagre.
O amor é gente encontrando gente.

PAPA

E os desencontros?

SANTO

Ensinemos com doçura.

PAPA

São Francisco não ensinava com tanta doçura. Sabia ser leve. Sabia ser forte.

SANTO

A doçura não é fraca. Não. Fracos são os que não compreendem a doçura. A doçura é corajosa.

PAPA

Quem é você?

SANTO

Eu sou alguém que cultiva a doçura.
Eu gosto dos jardins. Eu gosto de
espiar as flores desabrochando e
oferecendo perfume. Eu gosto de ver
a despreocupação de cada uma delas
com os que percebem ou não o que elas
oferecem. E gosto também de elas não se
importarem com a duração da vida.
E eu tento aprender com elas.

PAPA

Fale mais de você. Você tem filhos?

SANTO

Filhos?

PAPA

Eu não tenho.

SANTO

Não foi o que disse.

PAPA

Tenho sim. Claro que tenho. Mas estava
me referindo aos filhos nascidos de duas
pessoas. Você é casado? Você tem mulher?
Sua mulher sabe que você está na rua?

SANTO

Eu tenho vida. Eu tenho amor. Eu tenho
a liberdade de não ter nada.

PAPA

Seu pai está vivo? Sua mãe?

SANTO

Eu não acredito na morte. Acredito
em rio sendo mar. Acredito em noite
sendo dia. Acredito em inverno sendo
primavera.

PAPA

Onde estão os outros?
Eu fiz essa lavanderia para os que moram
na rua. Para que tivessem mais dignidade.
Onde estão os outros?
As máquinas não param. E eu não vejo
os que virão buscar as suas roupas. Ou
melhor, os que deixaram as suas roupas
para lavar. Eu não vejo mais ninguém.
Desculpe, meu filho, eu estou um pouco
cansado. Eu preciso recostar minha
cabeça um pouco.

O papa fecha os olhos e o SANTO canta "Solo Fraterno", do filme Irmão Sol, Irmã Lua, *de F. Zeffirelli.*

Doce é sentir em meu coração
Que humildemente vai nascendo o amor.
Doce é saber, não estou sozinho,
Sou parte de uma imensa vida,
Que generosa reluz em torno de mim,
Imenso Dom do teu amor sem fim.

O Céu nos destes e as Estrelas claras,
Nosso Irmão Sol, nossa Irmã a Luz
Nossa Mãe Terra com frutos, campos, flores.
O Fogo e o Vento, o Ar e a Água pura,
Fonte de Vida de tuas criaturas,
Imenso Dom do teu amor sem fim! (bis)

O papa abre os olhos, suspira forte e dorme novamente. E o santo canta "Oração pela paz", de Frei Fabreti.

Cristo, quero ser instrumento
de tua paz e do teu infinito amor:
onde houver ódio e rancor,
que eu leve a concórdia, que eu leve o amor!

Onde há ofensa que dói,
que eu leve o perdão.
Onde houver a discórdia,
que eu leve a união e tua paz.

Mesmo que haja um só coração
que duvide do bem, do amor e do céu,
quero com firmeza anunciar
a Palavra que traz a clareza da fé!

Onde houver erro, Senhor,
que eu leve a verdade, fruto de tua luz!
Onde encontrar desespero,
que eu leve a esperança do teu nome, Jesus!

Onde encontrar um irmão
a chorar de tristeza, sem ter voz e nem vez,
quero bem no seu coração
semear alegria, pra florir gratidão!

Mestre, que eu saiba amar,
compreender, consolar, e dar sem receber!
Quero sempre mais perdoar,
trabalhar na conquista e vitória da paz!

PAPA

Que canção bonita. Eu estava dormindo?
Eu estou dormindo?
É sonho?

SANTO

Sonho é o que nos move.

PAPA

Eu sempre sonhei muito. Sempre. Sonhos
simples, sabe?
Eu ouvia as confissões e confessava com
Deus. E suplicava a Deus para arrumar...

SANTO

Para arrumar...

PAPA

Para arrumar o mundo. Há algo de muito
errado com o mundo, meu filho.

SANTO

De muito errado?

PAPA

O desamor.

SANTO

Diga.

PAPA

Todos os tipos de desamor.

SANTO

Eu sei.

PAPA

Você experimentou ser abandonado,
trocado, traído, julgado injustamente?

SANTO

Sim.

PAPA

O poder que as pessoas têm de causar dor
em outras pessoas é muito forte.

SANTO

De causar alívios também.

PAPA

Quantas confissões lindas eu ouvi na minha vida. Desde a época em que me ordenei padre. Lágrimas dolorosas de saudade. Uma mãe perde um filho e tenta entender. Não tem entendimento. Uma mulher é abandonada por seu marido. Um homem é deixado de lado no tema do amor. Um trabalhador inocente é acusado de roubo. Uma doença adoece uma família inteira. Um filho chora a mãe que desistiu da vida. O que dizer a essas pessoas? Como consolar?

SANTO

Olhai os lírios do campo. Eles não semeiam nem colhem, mesmo assim florescem.

PAPA

Essa paz demora a chegar. Eu não
posso dizer a um filho que viu a mãe se
suicidando para que olhe os lírios do
campo. Eu não posso.

SANTO

Então não diga.

PAPA

Não digo?

SANTO

Apenas abrace. E, se conseguir, explique
que aquela mulher não desistiu de seu filho,
que ela desistiu de uma dor, de uma dor
que ela não conseguiu dar nome. De uma
dor que ela imaginou mais forte do que ela.

PAPA

Uma vez um homem em um confessionário
chorou tanto. O seu amor havia partido.
Ele disse que tinha a certeza de que era
um engano, de que voltaria. Passou os dias
se arrumando para a volta. A volta não
aconteceu. O seu amor já tinha um outro
amor. Os olhares apenas se cruzaram. A dor
foi tão grande. E eu ouvi. E ele desfilou o
quanto foram felizes. Naquele dia eu contei
a história de uma criança com câncer que
eu conheci e que estava se despedindo da
vida. E que eu havia chorado também. Ele
quis saber mais. Eu fui vendo que a dor
do outro estava aliviando a sua. Ele voltou
algumas vezes para conversar comigo.
Estava muito melhor. Foi trabalhar com
doentes terminais.

SANTO

É isso. É só expandir o território do amor.
É só compreender que há sempre algo
além. Que os rios prosseguem, depois de
margens difíceis. Que há outras paisagens
para acontecer. E que nada para. Nada.

PAPA

A dor é lapidadora da alma. Eu sei disso.
Eu sei por mim. Eu sei pela minha fé. Eu
sei pela experiência de toda uma vida.
Ontem sonhei com minha mãe. Meus
Deus, minha mãe se foi há tanto tempo.
Ela estava linda no sonho. Sem dores.
Sem enfermidades. Só sorrisos. Um
sonho bonito. Minha mãe distribuía
doces para os irmãos nossos que moram
nas ruas. Eu ia junto. Eu era criança no
sonho. Eu era uma criança feliz. Feliz
em ter uma mãe distribuidora de doces.
Nossa, como eu senti falta da minha
mãe. Não há lugar mais aconchegante no
mundo do que colo de mãe.

SANTO

Minha mãe. Minha mãe compreendeu
desde o início.

PAPA
O quê?

SANTO

Mães são geradoras do milagre do existir.
Quem compreende tamanha delicadeza.
Nos encontros da química, a química
da vida. A vida sendo completada
pelo tempo. O tempo da espera. O
nascimento. O susto inicial. O choro.
O amor. Quando há amor a travessia fica
mais fácil.

PAPA

E tudo vai se formando. Amor e dor.

SANTO

Senti a dor no corpo muitas vezes.
Senti e compreendi que sentir a dor
é sentir também a dor do irmão. Dos
irmãos abandonados. Dos que sofrem
de entendimento. Meu Deus, a saúde
mental. Como ajudar? Como aliviar os
pesos? Crianças deixadas de lado porque
sabem menos, porque talvez nunca
consigam saber o que decidiram que é
necessário saber.

PAPA

Francisco de Assis amava os leprosos.
Enquanto todos fugiam deles, ele os
abraçava.

SANTO

"O Senhor me levou para o meio dos
leprosos e com eles usei de misericórdia."

PAPA

A ninguém ele negava amor.

SANTO

"Quando quis menos, obtive tudo."

PAPA

Quem disse isso foi São João da Cruz.
Mas Francisco viveu antes. Francisco era
o homem mais livre do mundo. Como
não tinha nada, nada podia perder.

SANTO

É na nudez da terra que nasce a árvore da
liberdade.

PAPA
Liberdade.

SANTO

Quem pode dizer às montanhas que se
movam? Ou parar o bailar das estrelas?
Ou decidir o ir e vir do Sol? Ou mandar
na forma com que a lua enfeita a noite? A
liberdade consiste também em deixar as
coisas serem como elas são. A liberdade
de fazer parte do todo, do maior.

PAPA

Você me surpreende.

SANTO

Eu apenas agradeço. A fruta que como. A
árvore que me faz sombra. O rio que me
permite alívios. O irmão que olha nos meus
olhos. A morte que me explica a vida.

PAPA

Um dia, um irmão seu, um irmão nosso
de rua, disse da gratidão que tinha aos
que davam atenção.

SANTO

Prefiro os que nada têm e que nos
abraçam com o sorriso aos que
nos lançam alguma coisa para se
verem livres. Não têm ideia do que é
a liberdade.

PAPA

O sorriso dos que têm o coração puro.
Sem um coração puro não há liberdade.
Cada um se escraviza em um outro. Por
projeção, por teimosia, por inveja.

SANTO

Por isso a sua voz ecoa tanto, Santo padre.

PAPA

Minha voz?

SANTO

Sim. Sua voz é cantiga de amor. Seu dizer é
acalmador de quenturas. É plantio, papa.
Nem tudo está perdido. Sei disso porque o
tempo soprou sabedorias em mim.

PAPA

Que tempo? Você é tão jovem.

SANTO

Sou pequenino, mas sou amigo do
tempo.

PAPA

O tempo nos ensina o grande poder. O poder sobre si mesmo. Nós é que nos fazemos mal. Os nossos pensamentos ou a ausência deles. As nossas teimosias.

SANTO

O nosso apego. E nascemos nus. E nus morreremos. Voltaremos para casa.

PAPA

É assim que você entende a morte?

SANTO

É assim que é.

PAPA

A irmã morte.

SANTO

Quando minha mãe morreu, eu ainda
não compreendia...

PAPA

Eu também sofri muito quando a minha
mãe morreu. E não me arrependo. Foi
um sofrimento amigo da gratidão. Minha
mãe. Não. Eu não condeno os que
choram as ausências. O choro é um alívio
da alma. É um abraço na nossa própria
humanidade e na parte dela que dói.

SANTO

Minha mãe foi minha primeira fortaleza.
Ainda canto canções de criança. Ainda
deito, em meus pensamentos, em seu colo.
Ainda rio das suas compreensões. Meu pai
era mais duro. Quis que eu fosse outro. Eu
sei que não fez por mal. Ninguém pode ser
outro. Eu sou livre na minha pobreza. E
sou rico na minha liberdade.

PAPA

Como você fala profundo, meu filho.

SANTO

No pó dos caminhos eu encontrei alguma
sabedoria. E é só do que eu preciso.

PAPA

Eu sei disso. E sei que nos caminhos nos
deparamos com as fronteiras de nós mesmos.
Com o que somos e o que não somos capazes
de dar conta.
Francisco, eu já chorei em silêncio ouvindo
histórias de dor. Hoje, o que me angustia
é o mundo. As guerras que não cessam.
As inverdades. As dissimulações. Dentro
da própria Igreja, meu filho. Como sofro.
Como sofro quando vejo uma disputa insana
por poder. Como sofro quando vejo uma
interpretação mentirosa da palavra de Deus.
Estou farto dos julgadores. Dos que, com o
dedo em riste, apontam para os pecados dos
outros. Dos que ousam decidir quem terá
ou não direito ao céu. Será que é tão difícil
compreender? Quem somos nós, meu filho,
quem somos nós para julgar? Somos os donos
da razão? Não somos donos de nada. E, quando
julgamos, julgamos a parte que vemos e nada
mais. E eu te garanto que o que vemos é sempre
uma parte. O todo quem sabe é Deus.
Estou velho, meu jovem amigo, não há como
negar. Os anos vão nos acumulando cansaços e
algumas desesperanças.
Eu não posso falar em desesperança. Eu sou
papa. E a esperança é uma virtude teologal. Ao
lado da fé e da caridade.

SANTO

A desesperança não tece nada. Não
costura aconchegos, mas faz nascer
amanhãs. A fé. A fé nos liga a um cordão
umbilical com o divino. Um cordão que
não vemos. Mas que existe. E que nos
respeita o amoroso querer ir ou a errática
teimosia em fincar os pés endurecidos
pela ausência de voos.
Já a caridade... O que fica para sempre é a
caridade.

PAPA

São Paulo já dizia isso.

SANTO

A caridade é o amor concreto. É a expansão da vida para a vida do outro. É o sorriso que nasce despretensioso por um gesto de amor não programado, não exigido, não divulgado.

PAPA

Aqui querem divulgar tudo. É
exibicionismo. É aplauso. É descasamento
entre discurso e prática.
Quando falo da falta da esperança, falo
de uma Igreja que eu gostaria de que fosse
sementeira de um mundo de amor. Mas
que se perde quando perde a lembrança
de suas origens. De seu significado.

SANTO

A utopia dos evangelhos.

PAPA

A utopia, meu filho. O sonho de não nos
acomodarmos. O pai que abraça o filho
que se perdeu e oferece uma festa. E não
o pai que anota em um caderno grosso
as grossas faltas cometidas pelo seu filho.
A utopia do homem que dá a outra
face. A utopia do homem que não tem
preconceito com ninguém.

SANTO

Como os animais. Já viu um cachorro
abandonando o dono porque engordou?
Por que envelheceu? Por que faliu?

PAPA

Há tanta ternura nos animais.

SANTO

Mas há violência também. Eu costumava
me remoer com essa angústia. Como
pode o Deus da bondade e do amor criar
alguns animais que, para viver, precisem
se alimentar dos outros animais. Do
saciar de uns, a morte de outros. Eu
olhava para os gaviões com um certo
desprezo. E para os lobos. E para as
cobras. Um dia, olhando o despedir
de um dia e vendo a beleza igual e única
de todos os dias que se despedem, pedi ao
Senhor que arrumasse em mim os meus
sentimentos. Há muito mais do que eu
sei, do que eu sinto. Há uma harmonia
que eu não posso desdizer.

PAPA

Ah, mas eu também tive essas angústias.
Um cervo correndo de pânico e sendo
alcançado por um leão. Um leão
contente por ter encontrado o cervo para
alimentar o seu filhote. E o filhote de
cervo descontente por ter perdido a mãe,
morta por um leão.
Mistérios da criação.

SANTO

Os animais não têm escolhas.

PAPA

Eu sei o que você quer dizer. Os homens não precisam matar. Os homens não precisam praticar nenhum ato que cause dor aos seus semelhantes.

SANTO

Eu sempre me enterneci com os olhos que olhavam e que não encontravam outros olhos. Olhos arrogantes que pulsavam uma impiedosa estranheza diante do desconhecido. É como se o outro, nascido na mesma rua que a minha, fosse um estrangeiro. A dor do outro é do outro e não me pertence. E, se ele é falho, na minha opinião, é ainda pior. É falho porque seu cérebro não funciona como devia. É falho porque tem uma doença que me dá medo. É falho porque não tem nada. Correm sem estar com pressa. Fecham as janelas sem estar com frio. Trancam o coração sem saber que o coração não foi feito para trancafiamentos.

PAPA

Eu vou te nomear cardeal. *Risos*

SANTO

Sou um humilde homem das ruas, Santo
padre. Sou amigo da dona pobreza. O
que vejo nas cidades são duas árvores
crescendo: a pobreza e a caridade. Quero
apenas ser um jardineiro da árvore
que faz crescer a caridade. E jardinar é o
que me dá a alegria.

PAPA

Quando você fala, Francisco, vejo São
Francisco de Assis falando.
Você leu a vida dele? Até as frases. As
angústias. A certeza.

SANTO

A única certeza que tenho é de que Deus
me fez para a alegria. E que só posso
cultivar a alegria se eu tirar de mim tudo
o que causa dor no outro; no outro, meu
irmão.

PAPA

Uma vez eu abracei uma mulher que havia perdido sua filha para o suicídio. A filha era abusada pelo padrasto. A filha contou para a mãe, que não acreditou. Isso depois de ter sofrido quatro anos com aquele homem cruel. A menina tinha 15 anos quando escreveu uma carta de despedida e despediu-se da vida. A mulher chorava seu erro. Disse a mim que, quando a menina contou o que o marido fazia, espancou a própria filha por estar inventando histórias. Foi ter com o marido, que falou que era a menina que se oferecia para ele. A cegueira da paixão, da carência. A impotência diante dos sentimentos incorretos. Era a única filha. Há coisas que não se remendam.

SANTO

Há um oceano em nós e não percebemos.
Nos apegamos a riachos sujos com medo
da ausência de água. Água não nos falta.
Não nos faltará nunca. Nos ajoelhamos
para os santos errados. Suplicamos
súplicas tortas. Um passeio pelo bosque
de nós mesmos. Um cantar sozinho na
mãe natureza. Um agradecer ao Criador.
Um respirar a linda solidão que nos
presenteia com a nossa presença.

PAPA

Sim, é o que fazia Francisco de Assis.

SANTO

"No fundo de toda tristeza, agita-se uma
carência afetiva."

PAPA

Exatamente o que ele dizia.

SANTO

Os difíceis são difíceis porque são
rejeitados.

PAPA
É isso.

SANTO

Não somos proprietários de nada. Nem
das coisas. Nem das pessoas.
Se compreendermos isso, nossa irmã,
a tristeza, permite que a nossa irmã, a
felicidade, fique mais forte, mais
definitiva em nós.
No tema dos sentimentos que trazem dor,
é preciso abrir as mãos, deixar o pássaro
voar e simplesmente agradecer.
Agradecer à irmã liberdade pela nova vida
que surge.

PAPA

Eu estou sonhando?

As luzes vão desmaiando nos atores e aparecem apenas as máquinas com as roupas. E o barulho das máquinas. Ao fundo, a música do início. E, com a música, o barulho diminui. As luzes voltam aos dois.

PAPA

Eu pensei que estivesse dormindo.
O que você estava dizendo mesmo?

SANTO

Eu estava esperando estar tudo limpo.

PAPA

Do que você está falando?

SANTO

Das roupas.

PAPA
Das roupas?

SANTO

Lendo em um jornal

Começou a funcionar nesta segunda-feira
(10/04) a "Lavanderia do papa Francisco",
um serviço oferecido gratuitamente pelo
Vaticano para pessoas de baixa renda e
moradores de rua da capital italiana.
A estrutura conta com seis máquinas de
lavar, seis de secar e seis ferros de última
geração.

PAPA

Por que você está lendo isso, filho?

SANTO

A lavanderia fica dentro do Centro Gente di Pace, na Comunidade de Santo Egídio, na Via San Gallicano, número 25, em Roma.

A ação se soma a outras desenvolvidas pela Esmolaria Apostólica sob a orientação do papa Francisco em favor dos pobres de Roma. Nas colunas da Praça de São Pedro, funciona a já citada barbearia, além de um ambulatório médico e banheiros com chuveiros. Perto do Vaticano, funciona um dormitório e um refeitório. Além disso, nas férias, organizam-se passeios até a praia com os sem-teto da cidade.

PAPA

É tão pouco, filho.

SANTO

Papa Francisco completa 80 anos e toma
café com um grupo de sem-teto.

PAPA

Ah, foi um lindo café da manhã. Um café
da manhã no entardecer da minha vida.

SANTO

As andorinhas cantaram quando viram
a cena. E depois silenciaram para não
atrapalhar as conversas.

PAPA

Certa vez, Francisco de Assis se dirigiu
assim às aves:
"Queridas aves, minhas irmãs: vocês fazem
o que é mais bonito na criação: voar. Nós,
que somos filhos de Deus, não devemos
ter inveja, mas eu lhes confesso esse
pecado: eu invejo vocês, que podem voar".

SANTO

"Vocês são muito vistosas, minhas irmãs
aves. Tudo é graça de Deus."

PAPA

Será a morte o voo dos homens?

SANTO

Pode ser. A caridade também é. Um voo
que liberta dos egoísmos. Da violência.
"A espada nunca semeou um metro
quadrado de trigo ou de esperança."

PAPA

Nunca. As mesmas mãos que pegam em
armas, que atiram em gatilhos, podem
se calejar de fazer alimentos de corpo
e de alma. Tudo é uma questão de
ensinamentos.

SANTO

Eu sempre penso "que se o ladrão do
Calvário tivesse tido um pedaço de pão
quando sentiu fome pela primeira vez,
uma túnica de lã quando sentiu frio,
ou um amigo cordial quando sentiu a
primeira tentação, nunca teria cometido
o que o levou à cruz".

PAPA

Mas educamos errado. Para competir. Para
ser o melhor. Para ser o primeiro lugar.
Tudo errado. Nos armamos tanto que
nossas armaduras nos impedem os afetos.

SANTO

"Quantas vezes é a aurora que está
escondida atrás da montanha?"

PAPA

A aurora escondida atrás da montanha...

SANTO

Os violentos são doentes de amor.

PAPA

Posso dar prova disso. De vidas que vi
transformadas por gestos de amor. Mas,
quando digo, dizem que sou ingênuo.

SANTO

Deixai as palavras ausentes de amor
passarem como passa o vento. Guardai
apenas as palavras proferidas com
cortesia. A cortesia é um dos mais belos
presentes de Deus.
Já a violência ou as violências são o
esconderijo que nos retira da luz do
Criador.

PAPA

A violência nos leva ao aniquilamento do
outro. Na guerra. Na ação incorreta. Na
omissão. Nos gritos assustadores do que
se esquecem que a morte vem.

SANTO

A morte, o voo da alma.

PAPA

Almas que voam em vida quando são
capazes de amar.

SANTO

Nenhuma noite escura resiste a um
amanhecer generoso.

PAPA

Nenhuma.

SANTO

Nas noites escuras ou nos dias já
amanhecidos, é preciso evitar as
palavras ociosas.

PAPA

Palavras ociosas?

SANTO

Muito se diz, Santo padre, sem nada
dizer. O silêncio é ensinador do que
deve ser dito depois. Com o silêncio, o
pensamento.

PAPA

Com o silêncio, o sentimento.

SANTO

Eu preciso ir, Santo padre.
Preciso levar essas roupas aos meus
irmãos.

---

*As máquinas param. A luz vai diminuindo e
depois aumentando. Algumas roupas nas mãos
de Francisco.*

PAPA

Você, então, pega as roupas dos outros que estão nas ruas e traz para que sejam lavadas. É isso? É sabe qual roupa é de quem?

SANTO

Nada é de ninguém.

PAPA

Sim, mas você vai entregar essas roupas aos seus donos.

SANTO

Vou apenas agasalhar.

PAPA

Com as roupas limpas.

SANTO

Somos filhos do barro, do mesmo barro.

PAPA

Eu sei. Mas as roupas não estão com
barro.

SANTO

A roupa é o que temos. O barro é o que
somos.

PAPA

O barro é uma metáfora. Nós viemos do
pó e ao pó voltaremos.

SANTO

A linguagem da manjedoura, do presépio,
do calvário.

PAPA

Você está misturando os assuntos.

SANTO

Sou um homem simples, Santo padre.
Canto a música que me vem ao coração.

PAPA

A simplicidade é a ponte que nos conduz
até Deus. A única, talvez.

SANTO

Eu preciso ir, Santo padre.

PAPA

Meu filho, eu só posso agradecer. Vá
com Deus.

SANTO

"Deus é amor. O amor é mais forte do
que a morte. Levem amor onde houver
ódio. Onde houver ofensa, levem o
perdão. Onde houver discórdia, união.
O cordeiro vai descansar junto do lobo.
Gaviões e rouxinóis cantarão a uma só
voz. As espadas serão transformadas
em arados; os soldados em semeadores;
os aríetes em moinhos de vento; os
campos de batalha em trigais; não haverá
fronteiras nem pátrias para dividir irmãos
contra irmãos: a paz cobrirá a terra
inteira e Deus será tudo em todos."

PAPA

Você é Francisco de Assis. Sim. Você não decorou essa oração. Você fez essa oração. Meus Deus, como eu não havia percebido. Eu preciso me ajoelhar. Você é o meu grande inspirador. São Francisco.

SANTO

Franciso, papa. Chefe da Igreja. Eu quero abraço.

PAPA

Quanto amor cabe em um abraço.

SANTO

Eu sou um homem feliz com o seu abraço, com seu braço que conduz a Igreja, com suas lágrimas de consciência das dores do mundo, com seu sorriso acolhedor. Francisco. O primeiro papa Francisco.

PAPA

Eu me sinto o próprio irmão Leão,
anotador dos seus ensinamentos finais.

SANTO

"A irmã cotovia é um exemplo para o
Irmão Menor. É muito parecida conosco,
por causa do capuzinho! Suas penas são
cor de terra como os nossos hábitos. Voa
bem alto, no azul, cantando alegremente.
Em resumo, seu coração está sempre
nas alturas. Nós deveríamos ser como as
cotovias."

PAPA

Cotovias.

SANTO

"Irmão Leão, estremeço pela força
e beleza do irmão fogo. Olha seu
movimento constante. Olha a chama
que sobe e desce pelas costas da madeira.
Aparece e desaparece como por encanto.
Olha como dá uma corrida cintilante, de
ponta a ponta nesse pau. Ora é amarela,
depois azul, depois vermelha, e depois
fica verde azulada. Parece um jogo mágico
da irmã, a mãe terra. O fogo, o mar,
Deus: são tão parecidos. Irmão Leão,
escreve: entre todas as criaturas, a que
mais se parece com Deus é o fogo. Os
dois estão cheios de vida e movimento,
Os dois iluminam e aquecem."

PAPA

Iluminar e aquecer. É o que eu preciso
fazer. É o que eu preciso ser.

SANTO

Que em suas ações, Santo padre, se
abram as flores do mundo e o mundo se
vista de esperança.

PAPA

Iluminar, aquecer e permitir que as flores
do mundo vistam o mundo de esperança.

SANTO

Bem-aventurados os que sofrem em paz,
por Ti, meu Senhor.

PAPA

Os que sofrem em paz.

SANTO

"Continue escrevendo, Irmão Leão:
o paraíso está no coração; o inferno
também está no coração. Quando o
coração está vazio de Deus, o ser humano
atravessa vazio a criação, como um
morto; até a palavra de Deus fica vazia de
Deus. Quando o coração do ser humano
se enche de Deus, o mundo inteiro fica
povoado de Deus. Levantas uma pedra e
aparece Deus. Olhas para as estrelas e te
encontras com Deus. O Senhor sorri nas
flores, murmura na brisa, pergunta ao
vento, responde na tempestade, canta nos
rios... todas as criaturas falam de Deus,
quando o coração está cheio de Deus."

PAPA

Quando o coração está cheio de Deus...

SANTO

"Continua a escrever, Irmão Leão: em
toda a minha vida, a única coisa que
fiz foi amar, e o primeiro mandamento
do amor é deixar viver os viventes.
Irmão Leão, se respeitássemos, se
reverenciássemos tudo o que vive e tudo
o que é, a criação seria um lar feliz."

PAPA

A casa comum.

SANTO

"O ódio é fogo, o perdão é água. Viste
alguma vez o fogo acabando com a água?
Quando os dois se encontram, é sempre o
fogo que sucumbe."

PAPA

É perdoando que se é perdoado.

SANTO

A casa comum é uma bela encíclica,
santidade.

PAPA

Eu fico constrangido de ser chamado
assim por São Francisco. Justo eu, um
pobre miserável que só a misericórdia de
Deus me fez chegar até aqui.

SANTO

Pobres e miseráveis é o que somos. E
por isso livres, meu irmão. Livres para
partirmos e voarmos o voo dos que
sabem amar.

PAPA
Eu quero pedir uma benção especial.

A luz vai se apagando. O cenário muda. O papa está deitado em uma cama. Ao lado tem uma imagem de São Francisco.
A música do despertador desperta o papa com a parte que diz...

O mestre fazei que eu procure mais,
Consolar que ser consolado,
Compreender que ser compreendido...

PAPA

Então era sonho.
Mas a vida é sonho.
Um sonho curto ou um sonho
prolongado.
Um sonho dormindo. Um sonho
acordado.
A vida é sonho.
Desde sempre.
Alguns sonhos se desvanecem.
Descem as ladeiras do desconhecimento.
E murcham sem terem nascido.
Outros sonhos perfumam a vida de um
perfume que resiste ao tempo.
O perfume de Francisco de Assis.
O seu carisma.
O seu amor pelas criaturas todas.
A sua entrega, sem limites, à mais nobre
das causas: o amor, o amar.
A vida é sonho.

A luz vai diminuindo, e Francisco ao lado sorri.

SANTO

É preciso despertar os dormentes. A
natureza canta lá fora. Ouçam...

Barulhos de pássaros, de riachos, de vento.
Barulho de criança.

PAPA

Estou ouvindo as crianças.
Na dureza das dores que provocamos uns
nos outros estou ouvindo as crianças.

SANTO

Deus jamais desistiu da humanidade.

FIM

Enquanto as pessoas saem do teatro, ouvem a
canção "Oração de São Francisco de Assis".
